Markus Daumüller

Geschichte denken

Ideen für den Geschichtsunterricht

Bibliographische Information der Deutschen Nationalbibliothek. Die Deutsche Nationalbibliothek verzeichnet diese Publikation in der Deutschen Nationalbibliografie. Detaillierte bibliografische Daten sind im Internet über dnb.dnb.de abrufbar.

TWENTYSIX

Eine Marke der Books on Demand GmbH

© 2021 Markus Daumüller

Herstellung und Verlag:

BoD - Books on Demand, Norderstedt

ISBN: 9783740785888

Geschichte denken

1. Begriffe..................................5

Begriffe sezieren

2. Denkstile................................28

Denkstile für unerklärbare Phänomene entwickeln und vergleichen

3. Geschichte entsteht......................41

Geschichte entsteht. Handlungsdilemmata: Entscheidungen durchlaufen

4. Metakognitionen..........................45

Ideengeschichte diskursiv

5. Sinnkonstruktion......................**51**

Sinnkonstruktionen von Personen rekonstruieren: Hermeneutisch arbeiten mit Schülern

6. Abstrakta...............................**61**

Vom Fall abstrahieren und Handlungsmaxime abstrahieren, meistens Werte`

7. Erfahrungen............................**65**

Erfahrungen der Schüler einbinden in die Diskussion fallbezogener Handlungen

1. Begriffe

Geschichte unterrichten bedeutet, dass nichts klar ist - besonders nicht die Begriffe. Held, Täter, Nazi, Revolutionär – alle Bedeutung hängt von der Erzählabsicht und den Erzählumständen ab. Wenn der Judenrat Murmelstein die Vergrößerung des Ghettos Theresienstadt mit vereinbarte, aber sein Ziel die Verzögerung der Deportationen war, ist er von der Funktion im System her ein Täter. Von seiner Absicht und seinem Thema her nicht. Der Begriff oszilliert zwischen juristischer Tat, moralischer Absicht, dem verfolgten Ziel und dem Charakter des Handelnden. Welcher Aspekt trifft die Wahrheit am besten? Das hängt von der Interpretation und dem Wertsystem des Betrachters ab. Und von den Kategorien, mit denen er Täterschaft assoziiert.

Ein anderer schillernder Begriff ist Nazi: Wann kann man davon sprechen, dass jemand ein Nazi ist? Macht man es an der Gesinnung einer Person fest? Oder an ihrer Funktion in einem System? Reicht eine formale Mitgliedschaft aus? Was unterscheidet die Person von jemandem, der sich verstrickt hat, weil er sich Unannehmlichkeiten ersparen wollte? Emil Nolde denunzierte Kollegen. Er war überzeugt, obwohl die Nazis hunderte seiner Bilder beschlagnahmt haben. Warum eigentlich bewahren Intelligenz und die Fähigkeit zu symbolischem Denken nicht davor, sich in ein menschenverachtendes System mit einer plumpen Ideologie zu verstricken?

Auch das Phänomen der Revolution ist ein solches Beispiel: Montesquieu stand auf der Gehaltsliste des Königs. Sein Ziel war, einige revolutionäre Ideen durch Kollaboration zu realisieren. Robespierre wollte einen radikalen Bruch mit dem Alten und alle Zöpfe des Ancien Regime abschneiden, damit die neuen Ideen Wirkung entfalten können. Wer ist der bessere Revolutionär? Der Stratege oder der Babar?

Reflexionen, die das Drehen, Wenden und Herumreiten von Begriffen zum eigentlichen Thema des Diskurses machen, verbinden Pädagogik und Fachlichkeit. Der Unterricht wird zu einem Denkraum für die Schüler. Diese entwerfen Wertmaßstäbe für das Beurteilen von Handeln, konstruieren Kategorien für die Bedeutung von Phänomenen und Begriffen und kommen ins Gespräch darüber. In den Mittelpunkt des Unterrichts gerät der Umgang mit Geschichte, nicht das Geschehen selbst. Keine erklärenden Kausalitäten werden aufgezählt, die Verstehen nur simulieren. Im besten Sinn gelten Diltheys Worte: Phänomene der Natur erklären wir, soziale Phänomene verstehen wir.

Das Handeln von Figuren ist deshalb ein idealer Reflexionsansatz, weil Schüler in der Reflexion von Werten ausgehen können, die ihnen in ihrer Erfahrung wichtig erschienen: Mut, Aufrichtigkeit, Treue, Freundschaft, Idealismus: Ihre Erfahrungen werden Teil des Wissens, das in der multiperspektivischen Diskussion entsteht. Es ist nicht nur ein didaktischer Trick der Veranschaulichung, sondern es geht um die ontologische Einbindung der Lernenden in die Entstehung von Wissen. Sie sind Akteure eines hermeneutischen Prozesses der Rekonstruktion von Sinnkonstruktionen. Das geht mit Verstehen einher. Die historischen Umstände fließen als Korrelat in diese Rekonstuktionen ein. So entfalten sie die Urstruktur historischen Verstehens: Die Dialektik zwischen Einzelnem und Allgemeinem, wie Droysens sie in seiner Historik beschrieb.

Über Wertediskussionen ist es möglich, auch schwächere Schüler zur Beteiligung zu bringen. Begriffsreflexionen setzen an Erfahrungen an, führen dann in abstrakte Ebene des Verstehens. Ihre Auslegungen enthalten metaphorisches und philosophisches Denken. Sie haben eine hohe Varianz von Verstehensebenen.

Im Geschichtsunterricht entwickeln Schüler ethisches Bewusstsein. Die Geschichte ist das Vehikel für diese Persönlichkeitsentwicklung. Begriffe zu reflektieren ist also nicht nur ein historisches Verstehen. Die Schüler sind eingebunden in die Entstehung von Wissen, das immer vorläufig ist, sie werden ein Teil dieses Wissens. Perspektivität charakterisiert fluides Wissen; dieses besteht sozusagen aus ihr. Wissen ist in einem solchen Unterricht nicht faktengebunden. Denn auch Fakten geraten in Erzählungen zu Konstruktionen. Wissen besteht darin, wie man historisches Geschehen, Figuren und deren Handeln verstehen kann. Es artikuliert sich im Verhandeln von Denkstilen.

Nach dieser Einleitung werden das Sezieren und Durchdenken von Begriffen sowie das Verhandel über ihre Denkmöglichkeiten fachdidaktisch und lerntheoretisch präziser erörtert.

Wenn wir davon ausgehen, dass sich Bildung in der kognitiven und ethisch-moralischen Entwicklung der Lernenden artikuliert, so existiert dafür eine Grundregel geisteswissenschaftlichen Denkens: Die Lernenden sollen nicht nur historische Informationen und Zusammenhänge adaptieren, sondern ein eigenes Verhältnis zu dem historischen Lerngegenstand aufbauen. Dafür transformieren sie historische Ereignisse und deren Darstellungen in eine Bedeutungsgeschichte, die für sie eine Lebensrelevanz besitzt. Normalerweise ist dieser Vorgang der Verwandlung von Sukzession (Ereignisfolge) oder Konfiguration (Geschichtsdarstellung) in eine eigene Bedeutungsgeschichte durch zwei Prinzipien des historischen Lernens und Denkens gekennzeichnet: Narrativität und Konstruktivität. In den meisten geschichtsdidaktischen Kompetenzmodellen werden diese Prinzipien als Manifestation historischer Arbeitsweisen dargestellt. Mit dem Konzept des „*Visible Thinking*" soll ihre Funktion für den Bildungsprozess der historisch Lernenden fokussiert und reflektiert werden.

Visible Thinking beschreibt, dass visualisierte Darstellungen unterschiedlicher Denkmöglichkeiten von Begriffen, Ereignissen, Ereignisverläufen und Zusammenhängen der Geschichte hinsichtlich ihrer Potentiale, diese Geschichte verstehen zu können, im Geschichtsunterricht „verhandelt" werden. Das heißt: Mögliche Bedeutungsstrukturen historischen Geschehens werden sichtbar und dann, eingebunden in historische Kontexte, diskutiert. Das Konzept des *Visible Thinking* beruht darauf, dass dasselbe historische Ereignis durch unterschiedliche Geschichten dargestellt werden kann, deren Konfigurationen es interpretieren und dadurch mit einer Bedeutung versehen. Das Erstellen solcher unterschiedlichen Geschichten ist der Versuch, zum *wahren Kern* einer historischen Sache vorzudringen, um sie verstehen zu können. Geschichtsunterricht wird dann zu einer Suche nach der ‚Wahrheit' eines historischen Ereignisses oder Sachverhalts bzw. dem „wahren" Wissen über historisches Handeln. Unterrichtsgegenstand ist die Vielfalt der Möglichkeiten, diese Geschichte zu denken, die aus dem Verhältnis der historisch Lernenden zum Sachverhalt emergieren. In einem solchen hermeneutischen

Diskurs über diese Möglichkeiten wird die Konstruktivität von Geschichte für die Lernenden erfahrbar: Permanent werden Werte für den Umgang mit Geschichte generiert oder verworfen, weil in dem Streiten über den „richtigen" Umgang mit Geschichte der räumliche, der soziale oder der zeitliche Point of View kontinuierlich wechseln, sodass sich die Sache ständig in einem anderen Licht zeigt. Diese Methode nannte J.G. Droysen *forschendes Verstehen*; sie stellt den Versuch dar, eine historische Sache *durchdringen* und ihre *Erkenntnispotentiale bergen* zu wollen. So ermöglicht das *Visible Thinking* die Entstehung eines Logos, eines gemeinsamen Denkraums, in dem man sich mit Anderen bewegt und Erkenntnisse darüber gewinnt, was historisches Verstehen bedeuten könnte und welche Rolle darin die eigenen Erfahrungen spielen, die in die Konfigurationen der Bedeutungsgeschichten eingeflossen sind. Gleichzeitig verändern und entwickeln sich die Teilnehmer als Menschen beim gemeinsamen Nachdenken über existenzielle Fragen aus der Geschichte. Der Lehrer ist also ebenso ein Lernender; er sucht mit seinen Schülern nach einer wahren Erkenntnis. Dadurch wird er Erster unter Gleichen. Er hat begriffen, dass die Didaktik der Geschichte nicht dazu da ist, das Wissen besser in die Köpfe der Lernenden zu bringen, sondern dazu, die Persönlichkeit der Lernenden während des Umgangs mit fachlichen Problemstellungen zu entwickeln. Der Logos, den er anlässlich einer echten historischen Frage herstellt, bietet allen seinen Teilnehmern das Memento der denkenden Selbsterfahrung. Dadurch ergeben sich in diesen historischen Diskursen zwei Aspekte von Bildung: Das *Verhandeln von Denkstilen* und die *Selbstreferenz des Lerngegenstands*. Sie garantieren die kognitive und ethische Reifung der Persönlichkeit, die mit Bildung assoziiert ist. Bildung liegt demnach im Vorgang der Verschmelzung von Lernsubjekt und Lernobjekt, in der sich beide verändern.[1] Sie findet statt in der Hingabe an den Gegenstand, dem Eintauchen in seinen Kontext und dem Gespür für die Einzigartigkeit dieser Konstellation. Bedeutungsgeschichten zu historischen Sachverhalten zu schreiben ist nicht nur ein Ausdruck narrativer Kompetenz, sondern dies ist der Prozess, in dem individuelle Erfahrungen in den Umgang mit Geschichte einfließen, die eigene Weltsicht hinterfragt und neue Werte für das eigene Leben und Handeln aus dem Diskurs heraus generiert werden können.

Machen wir uns dieses Phänomen an einem einfachen Beispiel klar: Stellen wir uns vor, was in einem Schüler passiert, wenn er sich mit einer

---
[1] Sieben Fundamente

komplexen, existenziell bedeutsamen Fragestellung auseinandersetzt, zum Beispiel der Frage, was einen Menschen bzw. sein Handeln kennzeichnen muss, damit man – historisch gesehen - von einem „Täter" sprechen kann: Ist es die Tatkategorie des Rechts? Sind es Absichten oder Charaktereigenschaften? Ist es die Funktion in einem zeitspezifischen politischen oder gesellschaftlichen System, das mit der Tat korrespondiert? Oder sind es Gedankengebäude und Theorien, denen diese Person gefolgt ist, die heutzutage als verbrecherisch gelten? Gehen wir zur Metakognition: Von welcher zeitlichen, fachlichen, politischen Perspektive aus ist es gerechtfertigt, Kategorien für eine solche Einordnung zu erstellen? Machen wir uns dieses Problem nun an dem Judenrat Murmelstein klar: Er kollaborierte mit den Nazis bei der Vergrößerung des Ghettos Theresienstadt. Aber sein Ziel war, die Deportationen von Juden zu verzögern und so Menschenleben zu retten. Ist er ein Täter? Soll man ihn in der Bedeutungsgeschichte als einen Verräter oder als einen Menschenretter darstellen? Was soll mehr zählen: Seine Funktion, die er dadurch in einem menschenverachtenden System einnimmt, oder seine Absicht, die dem entgegensteht? Welche Geschichte entsteht, wenn ich diese Funktion, und welche, wenn ich seine Absicht fokussiere? Aus ihren eigenen Erfahrungen heraus werden die Lernenden entweder eher eine Verräter- oder eher eine Heldengeschichte erstellen. Daran wird deutlich, dass Geschichtsschreibung nicht nur durch die Selektion von Informationen und Fragmenten der Vergangenheit, sondern vor allem durch die Vorstellungen des Historikers über deren Zusammenhänge beim Schreiben eine Perspektive erhält.[2] Der Histori-

---

[2] White

ker erschafft sich eine Geschichte, die er zu beschreiben vorgibt, zum Beispiel eine Verräter- oder eine Heldengeschichte.[3] Man kann das dann durch Recherche über die Judenräte rationalisieren und Argumente erstellen, die die eine oder die andere Geschichte stützen und hat eine klassische Problemorientierung. Entscheidend ist aber, dass das Konzept des *Visible Thinking* nicht nur retrospektiv wertend wie die Problemorientierung vorgeht, sondern die biographische Verstrickung des Schreibenden in die Produktion von Geschichte transparent und erfahrbar macht. Denn historisches „Wissen" wird dadurch generiert, nicht vermittelt. Die Geschichtsschreibung bleibt bei aller Einhaltung der Prinzipien historischer Forschung sowie historischen Denkens eine individuelle Vorstellungswelt über historische Zusammenhänge und ihre Bedeutungen. In dem

---
[3] Febvre

Modell des *Visible Thinking* wird die Abhängigkeit der Denkmöglichkeiten hinter den Geschichten von den Erfahrungen und dem Wissen der Schreibenden jedem Teilnehmer am Logos bewusst. Diese erleben sozusagen die Entstehung unterschiedlicher Geschichten aus der biographisch bedingten Präferenz bestimmter Denkmöglichkeiten. Ein Schüler, der das moralische Unrecht der Nazi-Ideologie als Maß für die Kategorie des „Täters" herausstellt, weil für ihn die Verletzung der Menschenrechte oder die Zusammenarbeit mit dem „Bösen" Grenzüberschreitungen von Normativen darstellen, könnte die mehr den historischen Kontext berücksichtigende Geschichte des „Retters" zum Anlass nehmen, zukünftig auch die Intentionen der Handelnden für seine Geschichte heranzuziehen. Für die Reifung seiner Persönlichkeit ist die Gewinnung eines Bewusstseins, dass Geschichte immer mit der eigenen Erfahrungsgeschichte korrespondiert, notwendig. Hinreichend für seine Reifung wird dieses Bewusstsein aber erst, wenn er mit anderen darüber diskutiert, welche Kriterien bzw. Maße für das Verstehen des Murmelstein-Handelns (Funktion vs. Absicht) wichtig sein sollen, denn dies impliziert eine ethisch-moralische Reflexion. Im Folgenden möchte ich an vier Beispielen aus der Praxis vorstellen, wie man das Konzept des *„Visible Thinking"* konkretisieren und anwenden kann.

In Ausgabe 16.1.1998 der ZEIT erzählt Doris Fuerstenberg über ihren Onkel Paul, der Familienmitgliedern auf einer Feier beim Tanzen offenbart, dass er als Mitglied eines der berüchtigten Polizeibataillone in den Ostfeldzügen Menschen hingerichtet hat. Doris Fuerstenberg entfaltet vor dem Leser ein Leben, das von jugendlichen Charakterschwächen und Schicksalen getrieben scheint, denen Paul ohnmächtig gegenübersteht: Seine Nachlässigkeiten bei dem mit dem Bruder geführten Schuhmachergeschäft, seine Freiheitsliebe auf Motorradtouren, sein „Lotterleben", plötzlich der Einberufungsbefehl zur Wehrmacht, eine schwere Erkrankung, der Prozess wegen Kriegsverbrechen, über den sich Paul höhnisch äußert und schweigt. Was ist das für eine Geschichte? Ist das die Geschichte eines Mannes, der sich vom Leben treiben lässt und ahnungslos in die Verbrechen der Polizeibataillone hineingeraten ist; ein labiler Charakter, der missbraucht und dessen Leben von der „großen" Geschichte überrollt wurde? Versucht Doris Fuerstenberg eine Erklärung zu finden, weshalb der Onkel, den sie ganz anders kennt, ein „Verbrecher" wurde? Will sie ihre Familiengeschichte so konstruieren, dass Paul ein unerklärbares Rätsel bleibt, angesichts der Werte, die ansonsten familiär gelebt und vermittelt wurden? Letzten Endes sucht Doris Fuerstenberg nach einem Weg, wie sie ihre Familiengeschichte, ihre Herkunftsidentität verstehen und verkraften kann, die nun angesichts der Taten von Paul in einem neuen Licht erscheint. Oder ist ihre Erzählung eine einzige Entschuldigungsmetapher für eine ansonsten unverdächtige Familie, und auch für einen ansonsten unverdächtigen Onkel Paul? Artikulieren sich hier Unsicherheiten und Abwägungen in einer Suche nach der eigenen Identität, die plötzlich mit NS-Täterschaft zusammen hängt? Wie kann man diese Erzählung über den „Onkel Paul" deuten – angesichts historischer Befunde, dass sich die Mitglieder der Polizeibataillone straffrei dem Erschießen entziehen konnten – unter anderem durch Versetzung? An diesem Beispiel sieht man deutlich, wie der Umgang mit den nationalsozialistischen Verbrechen zu einer familiären Herausforderung wird: Die Arbeit an der eigenen Herkunftsidentität oszilliert zwischen der Entschuldigung systemverstrickter Familienmitglieder, die man sich niemals als Täter vorstellen kann, Charakterbildungen, die eine Kausalität zur Tat geradezu herausfordern, und Erzählkonstruktionen, wie sich das individuelle Leben und historische Ereignisse ineinanderfügen; alles ist eine Suche nach Wahrheit und nach der eigenen Positionierung dazu; es entsteht eine Interdependenz. Der Unterricht ist eine Suche nach der Deutung dieses Textes und des Begriffs „Täter", der je nach Standpunkt, Betroffenheit und Verstrickung des „Suchenden" eine sehr große Variation an Bedeutungshorizonten umfasst; es müssen Strategien der biographischen Konstruktion und Erinnerungskonventionen der Gesellschaft an den Holocaust einander integriert werden. Das Dilemma des historischen Verstehens entfaltet sich im Klassenzimmer zu einem erlebbaren offenen Prozess, in dem die Unabschließbarkeit der Deutung von Geschichte lebendig wird.

Ein zweites Beispiel: Ein arbeitsloser Eisenhammerarbeiter entscheidet sich, in welchem der Vereine der Stadt Wertheim er Mitglied werden möchte. Alle Vereine – Kriegerverein, Bund Oberland, Turnverein – bieten ihm etwas in seiner aussichtslos erscheinenden Situation: Theateraufführungen und Geschenke für die Kinder an Weihnachten, Sterbe- und Hinterbliebenengeld für die Angehörigen, Medizin für die Kranken der Familie, weil der Vorsitzende Apotheker ist, einen Job als Gewehrlader und Treiber, kostenloses Essen, Kontakte zu den Funktionären aus Karlsruhe, soziale Anerkennung als Trainer usw. Es entsteht ein langwieriger Abwägungsprozess, an dessen Ende der Eisenhammerarbeiter meint, er entscheide im Sinne der Zukunft der Familie, welcher Verein am meisten bietet. Doch seine Entscheidung war eine Suggestion. Denn alle Vereine waren „ein" Verein, sie waren Ausdruck der Politisierung der Lebenswelt durch die Nationalsozialisten und gehörtem einem reaktionären politischen Kampf an, der Kaiserreich und Krieg verherrlichte und Reichsgründungs-Erinnerungsfeiern wiederbelebte, an denen alle Vereinsvorsitzenden gerne und öffentlich teilnahmen. Später sieht man unseren Eisenhammerarbeiter in SA-Uniform vor jüdischen Geschäften Wache stehen, dann am Kaffelstein-Mahnmal in Wertheim an rechtsradikalen Feierlichkeiten teilnehmen. Seine Entpolitisierung inmitten einer politisierten Lebenswelt ist vorangeschritten; auch seine Entindividualisierung, denn seine Gründe für den Vereinseintritt sind längst aufgesogen durch eine Funktion, die er in einem System inne hat. Ab welchem Zeitpunkt kann man unseren arbeitslosen Eisenhammerarbeiter als einen Nazi bezeichnen? Ab seinem Eintritt in einen vermeintlich zum rechtsextremen System zählenden Verein, selbst wenn er andere Absichten verfolgte? Oder erst, wenn er in diesem Verein eine Funktion übernimmt, die einer radikalen Ideologie dient? Oder erst, wenn er diese Ideologie auch in seinem Denken verankert hat? Täter oder Mitläufer? Nach welchen Kriterien legen wir das fest? Eine Reflexion über den „richtigen" Gebrauch von Begriffen kann die Selektivität in der Konfiguration von Erzählungen bewusst machen. Durch sie wird deutlich, dass Begrifflichkeiten in der Historiographie zu einem überwiegenden Anteil Reflexionsbegriffe (z.B. „Täter") und nur zu einem geringen Anteil Objektbegriffe (z.B. „Schwertleite") sind. Sprachsensibilität für die Verwendung von vermeintlich beschreibenden, aber in Wahrheit stark interpretierenden Begriffen ist ein essentieller Bestandteil des *Visible Thinking*. Vor allem gilt dies auch bei dem Begriff Revolutionär. Mirabeau, der auf der Gehaltsliste des Königs stand und als Realist wusste, dass Kompromisse notwendig waren, um neue Ideen wenigstens teilweise Realität werden zu lassen auf der einen Seite, auf der anderen Robespierre, der mit allem Alten brach und Gewalt für die Umsetzung der Tugend rechtfertigte: Welcher der beiden ist ein

„guter" Revolutionär? Der Stratege oder der Barbar? Was macht einen „guten" Revolutionär aus?

2. Denkstile

Es braucht einige Routine des Lehrers, aus den ungehobelten Texten der Schüler einen Denkstil, eine Interpretation, eine Theorie über ein historisches Geschehen herauszuschälen. Ein gutes Beispiel bieten die Stadionauftritte Hitlers während der „Deutschlandflüge" in den Wahlkämpfen zwischen 1929-1933. Zum Beispiel der Auftritt im Eberswalder Grunewaldstadion: Er, der „Allgegenwärtige", kam mit dem Fallschirm über sie, die Volksgemeinschaft, und dann fing ein Marsch an zu spielen und die „Bewegung" marschierte in die neue Zeit, in der der „Allgegenwärtige" zu ihnen spricht. Phänomenologisch gesehen manifestieren sich hier alle Elemente der nationalsozialistischen Inszenierung: Die Modernität, der Faschismus als Ersatzreligion, die Politisierung des ganzen Lebens, aber die Entpolitisierung des Einzelnen, die Vernichtung des Privatlebens, die Entindividualisierung der Wahrnehmung. Symbolträchtig wird die Wahrnehmung der Neuen Zeit auf Uniform, Gleichschritt und Lebensfreude konditioniert. Lässt man Schüler darüber schreiben, wie genau die *Psychologie der Show* funktionierte, also was der Auftritt mit den Teilnehmenden gemacht hat, dann erhält man ganz erstaunliche Theoriemodelle:

1. *Strategie, Politik zu inszenieren*: Die einen sagen, die Nazis hätten Strategien eingesetzt: Ehrlichkeit, Modernität, Allgegenwertigkeit. Sie knüpften an die Erfahrungen ihrer Adressaten an oder versetzten die Menschen in einen alternierend aufblit-

zenden Entscheidungszwang: Richtig oder falsch, gut oder böse, anständig oder unanständig usw.

2. *Strategie, kulturelle Identität zu stiften*: Andere sagen, die Nazis hätten versucht, durch exkludierende und inkludierende Modi (Rasse, Religion, Volkszugehörigkeit) eine Identität der Gruppe herzustellen
3. *Strategie, Psyche zu besetzen*: Eine dritte Meinung ist, dass die Nazis die Psyche der Menschen innerlich kolonisierten, indem sie die beständige Dialektik zwischen Information und Suggestion, Emotion und Kognition, Vergangenheit und Zukunft, Resignation und Innovation in polarisierten Bildern auf eine blütenweiße Wunschgesellschaft hin ausgeleitet haben; auf ein erklärbares Ziel, das jeder antizipieren kann.

4. *Strategie, Lebenswelt als ideologisches Phänomen zu gestalten*: Das vierte Erklärungsmodell ist phänomenologisch: Die Nazis haben die Öffentlichkeit besetzt, in Kinos, bei Sportveranstaltungen, Reden usw., also die Schaltstellen des öffentlichen und privaten Lebens: Kultur, Freizeit, Erziehung. Die Lebenswelt wird politisiert.

Vier Erklärungsmodelle, die in Schülertexten steckten. Allen gemeinsam ist, dass Ideologie als persönliches Erlebnis inszeniert und erfahren wird. Die „Theorien der Psychologie der Show" werden nun in der Lerngruppe zur Diskussion gestellt; welches Modell ist plausibel, welches trifft den Kern der Sache, welches erfasst die Genese der inszenierten Realität in dem Stadion am besten? Eine Reflexion beginnt: Wie ist der Zauber, der die Leute erfasste, zu verstehen? Soll man ihn von Strategien her reflektieren, von Phänomenen aus, von psychischen Verwandlungsprozessen her? Die Schülerproduktionen werden selbst zum Lerngegenstand; sie werden weder kontrolliert noch bewertet, sondern ihre historischen Reflexionen werden auf einem fachlichen Hintergrund gemeinsam rekonstruiert. Dabei stehen sie gleichberechtigt neben Narrativen, Erklärungen von Fachleuten bzw. werden mit diesen verglichen; dadurch werden die Reflexionen und Produkte der Schüler zu einem ernst zu nehmenden Teil der fachlichen Verstehensprozesse: Sie sind es wert, dass auch der Lehrer, der Fachmann, sich von ihnen inspirieren lässt; dass er bereit ist, seine bisherigen Erkenntnisse zu revidieren; dass er neuen Spuren folgt. Der Unterschied im Vergleich zu einem gewöhnlichen Unterricht besteht darin, dass Geschichte weder vermittelt noch „arbeitstechnisch" re- oder dekonstruiert wird. Stattdessen werden Denkstile über die Prozessebenen und Bedeutungen eines historischen Geschehens „verhandelt". Man könnte auch sagen, dass unterschiedliche Geschichten über die Essenz, die inneren Modi eines historischen Geschehensverlaufs, erzählt werden, aber das würde das Konzept des „Visible Thinking" nicht ganz richtig beschreiben. Denn der eigentliche Lerngegenstand ist nicht die Geschichte, sondern unterschiedliche Möglichkeiten, Geschichte bzw. das Handeln und Erleben der Menschen in ihr zu denken. Somit dringt das „Visible Thinking" zu einem ganz wesentlichen Teil des historischen Verstehens vor: Den Modi und Prozessen des inneren Verhältnisses von Individuum und Allgemeinem, dem Erleben, Erfahren und Beeinflussen, den Verstrickungs- und Bewusstseinsgeschichten.

Ambivalentes Handeln: Emil Nolde

Wenn ein Lehrer Theorien oder Erklärungen entwickeln lassen will wie zum Beispiel zu dem Phänomen der Nazianhängerschaft Emil Noldes, dann weiß er natürlich, dass er von seinen Schülern unterschiedliche Geschichten über die Verbindung politischer und künstlerischer Intentionen Noldes, also narrative Kompetenz, einfordert. Aber er hat die Größe zu sagen, dann sind eben Perspektivität, Orientierungsfähigkeit, Retrospektivität usw. erst einmal keine Vorgaben oder Leitprinzipien, denn hier geht es ja um originale Produktionen, um erzählerische reflexive Kreativität; am Ende sollen viele originelle Geschichten entstehen. Für diese Originalität verzichtet er auf Verfahrensprinzipien. Das Wissen jedoch, welches die Schüler zu dem Themengebiet bereits haben, spielt eine ebenso immense Rolle wie ihre Erfahrungen. Zum Beispiel könnten sie die Geschichte über Noldes Nazianhängerschaft so schreiben: Eitler Künstler fährt Trittbrett auf der modernen öffentlichen Kommunikation der Nazis (Trittbrett-Geschichte). Oder so: Künstler will sein Image als Avantgarde ausbauen und sieht in der hierarchischen Weltsicht der Nazis eine Chance (Image-Geschichte). Oder so: Gefolgschaft, auch nur geheuchelte, war unbedingte Notwendigkeit, um als Künstler weiter wirken zu können (Überlebens-Geschichte). So entstehen drei Geschichten: Eine Trittbrett-, eine Image- und eine Überlebensgeschichte. Mit einer Technokratie fachdidaktischer Prinzipien würden solche Geschichten nicht entstehen. Die Kreativität würde der Planbarkeit weichen, einer technokratischen Architektur des „Erklärens". Im Konzept des *Visible Thinking* werden diese anderen, „vergessenen" Denkprinzipien aber ins Verhandeln der Denkstile eingebracht, z.B. indem man retrospektiv, vom heutigen Wissensstand über die Gleichschaltung der Kunst her, argumentiert, oder indem man sich bewusst macht, dass die Partikularität unseres Wissens die eine oder die andere Geschichte wahrscheinlicher werden lässt. Fachdidaktische Denkprinzipien sind wichtig, aber erst, nachdem die Denkprodukte, die „Erklärungs- bzw. Bewusstseinsgeschichten", fertig gestellt sind und diskutiert wurden. Davor setzt der Geschichtslehrer im Visible Thinking auf Narrativität als Leitkategorie und als Erfahrungswert im Logos.

Bedeutungsgeschichte eines historischen Ereignisses: Weimarer Republik

Wie können wir die Weimarer Republik heute verstehen? Sie war eine Kulturblüte, vom epischen Theater über die ersten expressionistischen Spielfilme mit Bühnenbildern (Dr. Caligari), später Tonfilme („Blauer Engel") innovative Kunststile und amerikanische Musikrichtungen, einen neuen Umgang mit Sexualität, neue Ansichten über Erziehung und einer Bevölkerung, die in den Cafés über die Theaterrezensionen von Alfred Kerr diskutierte, die als Kunstform galten. Sie war aber zugleich auch die Zeit politischer Radikalisierung, der Entfremdung von Politik und Volk, der missverstandenen Demokratie, deren Werte weder in Politik noch in der Milieu-Gesellschaft wirklich gelebt wurden; eine Zeit der immerwährenden Aufarbeitung von Krieg und Versailles und Identität. Das Changieren zwischen Geist und Macht führt uns zu der Frage, wie man die Geschichte der Weimarer Republik schreiben soll: War sie der Durchbruch der Moderne oder der Vorhof zum Faschismus? Und wie erklären wir das Phänomen, dass kulturelle Vielfalt und politische Radikalität nebeneinander einhergehen? Dass der Holocaust in einer Kulturnation geschehen konnte? Was lernen wir aus diesem Beispiel über die Rolle von Bildung in einer Gesellschaft? Oder über soziale Gerechtigkeit? Schreiben wir die Geschichte der Weimarer Republik nun als einen Prozess zunehmender Demokratisierung oder zunehmender Radikalisierung? Dürfen wir auch schreiben, dass beides auseinander hervorging? Oder ist die Entfremdung von Volk und Politik das ihr innewohnende Wesensmerkmal? Sollen wir schreiben, dass alles von Anfang an zum Scheitern verurteilt war, weil man eine Republik nicht auf einem Feindbild – z.B. den Kommunisten – aufbaut? – sondern die Individuen im Staatssystem fokussiert? -weil Politikkonzepte und Kommunikationsstile rückwärtsgewandt den Hass auf den Feind plakatierten, aber keine eigenen Zukunftskonzepte formulierten? Wie schreiben wir die

Geschichte der Weimarer Republik? Als wichtige Entwicklung, die die Nazis in ihrem Geschichtsbild auszulöschen versuchten und die deswegen kein zweites Mal vernachlässigt werden darf? Als Mahnmal, wie eine Demokratie sich mit ihren eigenen Methoden selbst vernichten kann? Wie ist diese Zeit zu beurteilen – positiv oder negativ? Durchbruch der Moderne oder Vorhof zum Faschismus?

Verschiedene Geschichten, die jeweils andere Phänomene dieser Zeit fokussieren, andere ausblenden, führen zu unterschiedlichen Bedeutungsbildern der Weimarer Republik. Je nach Point of view ändern sich diese Bedeutungsbilder; die Historiographie, so die Erfahrung beim Vergleich dieser Bilder, geht aus Vorannahmen des Historikers über die Wichtigkeit bestimmter Zusammenhänge hervor. Der Historiker erfindet die Geschichte, über die zu schreiben er vorgibt, indem er seine Vorstellungen über die Wichtigkeit von Informationen und die Strukturen, die mehrere Informationen bilden können, zu einem kohärenten Bild vernetzt. Das Visible Thinking der unterschiedlichen Bedeutungsgeschichten dekonstruiert diese Konstruktivität und ermöglicht die Erfahrung, wie Geschichte ausnahmslos in Form einer Erzählung existiert, die zugleich als Theorie über einen historischen Sachverhalt gesehen werden kann. Es ist ein Spiel mit Narrativität, die nach W. Kosselleck aus einer Sukzession eine Konfiguration macht. Die Mechanismen dieser Konfigurationsprozesse werden im Visible Thinking offen gelegt. Bildung liegt im Durchdringen der Mechanismen der Konstruktivität, sie artikuliert sich im Vermögen, zwischen Sein und Schein historischer Erzählungen unterscheiden zu können und die Phänomenologie eines Sachverhalts nicht mit seiner Bedeutung gleichzusetzen. Dies ist eine Metakognition, die im Visible Thinking das Verhandeln von Denkstilen und darin enthaltenen Theorien thematisiert. Sie decouvriert die intentionale Genese von Theorien über ein historisches Phänomen.

3. Geschichte entsteht

In der Geisteswissenshaft gibt es den Begriff des Präsentismus des Verstehens. Damit ist gemeint, dass die Handlungsentscheidung einer historischen Person rational und affektiv simulierend durchlaufen wird. Zum Beispiel kann man dafür Situationen im Friseursalon nehmen, in dem der Inhaber Witze erzählt über die Nationalsozialisten (man sucht überlieferte Szenen. Man kann sie auch konstruieren). Die Situation ist komplex: Andere Kunden könnten einen verraten, wenn man den Friseur nicht denunziert, Kinder von Anwesenden sind in Funktionen in Jugendorganisationen und haben mit den eigenen zu tun. Es steht einiges auf dem Spiel, aber die eigenen Überzeugungen sprechen dagegen. Konstellationen, Mitgliedschaften, Szenarien, Gefahren werden abgewogen, und ohne dass diese Entscheidung entschuldigt wird, ist klar, dass Denunziation nicht gleichzusetzen ist mit Bösartigkeit, sondern ein Instrument der Selbsterziehung der Gesellschaft war. Menschen steckten in Handlungsdilemmata, sie handeln zum Teil gegen die eigenen Überzeugungen. Das macht die Bewertung von historischem Geschehen so schwierig. Man möchte eine angemessene Beurteilung entwickeln, doch der Schein trügt. Facettenreiche Innenseiten und unsichtbare Details machen es schwierig, das Geschehene ausgewogen zu bewerten. Historische Ereignisse kamen oft auf umständlichen Wegen zustande; sie sind nicht per se gut oder schlecht. Sie entziehen sich dem kausalen Denken. Schüler bekommen so keine vorgegebenen Geschichtsbewertungen vermittelt, sondern sie lernen, historisches Geschehen differenziert zu betrachten. Und es ist eine Übung darin, aus Quellen und Informationen Argumente für oder gegen eine Entscheidung zu perspektivieren. Man kann die Französische Revolution als Geschehensabfolge vermitteln. Oder man verlebendigt und durchläuft die Entscheidung, sich einer Richtung der Revolution und ihrem vielleicht charismatischen Anführer anzuschließen.

Geschichte ist so kein toter retrospektiver Inhalt, sondern ein lebendiges Handlungsfeld. Es geht darum, ihre Entstehung im Lernprozess simulativ zu erfahren. Das hat eine ganz andere Lernqualität als die Vermittlung von vermeintlichem Wissen, das ja bereits eine Konstruktion aus den Vergangenheitspartikeln wäre. Figuren handeln innerhalb der historischen Rahmenbegebenheiten. Das ist plastisch und konkret, obgleich es beim Reflektieren der zu treffenden Entscheidung auch um Abstrakta wie Werte, Ideologien, Gesellschaft und Handlungsmaße geht.

Mitglied werden oder nicht (z.B. HJ), an Revolutionszügen teilnehmen oder nicht (z.B. Heckerzug), Vasall werden oder nicht. Die Felder für Entscheidungsprozesse sind Möglichkeitswelten.

Die Entscheidungsfindung enthält somit eine zweite Ebene geisteswissenschaftlichen Denkens: Das Handeln der historischen Figuren wird implizit als eine eigene Möglichkeit gedacht, da die Schüler ja aus der Sichtweise der Figur und ihrer Rolle im historischen Zusammenhang denken (Droysen), in der Entscheidungsfindung aber auch eigene Wertpräferenzen mit reflektieren. So gerät das stellvertretende Handeln in Teilen zu einem echten Erleben von Bedingungen und Grenzen der eigenen Maßstäbe durch die historischen Umstände.

4. Metakognitionen

Eine sinnvolle Sache ist, Ideen hinter den eigentlichen Ereignissen zum Diskussionsthema zu machen. Als Heilbronn nach dem Zweiten Weltkrieg von einer Mischbürokratie regiert wurde, gab es zwei Majors, Hoover und Montgomery, die unterschiedliche Vorstellungen von Demokratie hatten. Der eine sah in ihr eine Lebensform, in der Menschen in Kulturveranstaltungen, Ausstellungen, Theater, Sportwettbewerben, Kleinkunst wie z.B. Kabarett Eigenschaften erwerben, die in einer Demokratie wichtig sind: Perspektivisches und symbolisches Denken, Rollenzwänge wahrnehmen und berücksichtigen, das Aushandeln von Interessen, die Sinnhaftigkeit gelebter Werte.

Für den anderen war Demokratie ein System, in dem Prinzipien wirken: Das Volk als Souverän, Gewaltenteilung, Rechtsstaatlichkeit. Sie ermöglichen auch dann ein zivilisiertes Zusammenleben, wenn die Menschen demokratische Werte nicht verinnerlicht haben sollten.

Was ist besser: Auf starke Menschen oder starke Strukturen zu setzen? Diskutiert werden Vor- und Nachteile beider Ansätze, nachdem aus Quellen zur Kultur oder zu Gewerkschaften und Wahlen herausgearbeitet wurde, was die Menschen dort implizit lernen. Zum Beispiel spielen charakterschwache Menschen in den beiden Ansätzen eine unterschiedliche Rolle. Der eigentliche Reflexionsrahmen ist aber das mögliche Konzept hinter dem Wort Demokratie. Dieser argumentative Diskurs enthält eine metatheoretische Ebene. Es ist durchaus sinnvoll, mit Schülern die Metakognition über Systeme, Ideen oder Konzepte zu führen. Sie vergegenwärtigen sich, dass diese historischen Erscheinungen auf der Präferenz bestimmter Wertkonstellationen oder Vorstellungen von Staat oder Gesellschaft beruhen. Ideen zu reflektieren, verschafft eine Metaperspektive auf das historische Geschehen. Dieses ist verankert in einer wertbasierten Weltanschauung. Es ist nicht nur kausal erklärbar, als Reaktion oder Folge bestimmter Ereignisse. Die verschiedenen Varianten der Konzepte können außerdem als Erzählmöglichkeiten verstanden werden. In einem gewissen Sinn enthalten sie philosophische Elemente: Welche Rolle soll der

Charakter von Menschen im politischen System einer Gesellschaft spielen? Sollen sich Prinzipien eines Gesellschaftssystems eher in der Systemstruktur spiegeln oder in den Haltungen und im Denken der Menschen verankert sein? Solche Diskussionen lassen die Schüler reifen. Ihr Horizont führt über die Reise durch das fachliche Denken hinaus. Sie nehmen sozusagen die metatheoretische Sichtweise der Philosophie auf andere Wissenschaftsdisziplinen ein. Sie praktizieren allumfassende Bildung, nicht nur fachliches Denken. Sie werden zu geisteswissenschaftlichem Denken animiert, indem sie die Essenz von Prinzipien reflektieren und nicht nur die Performanz der Erscheinungen. Durch die Diskussion von Ideen wird der Lerngegenstand selbstreferential; er hat mit der Wirklichkeit zu tun, in der sie heute leben, d.h. er wird anders als bei den Handlungsentscheidungen ein Stück weit von der zeitspezifischen Gebundenheit entkoppelt. Obgleich es um abstrakte Konzepte geht, steht also auch hier ein Prinzip geisteswissenschaftlichen Denkens im Raum, nämlich die Frage Was hat das mit mir zu tun? Die Welt von heute besteht aus denselben Konzepten, den gleichen Fragestellungen. Diese sind zeitunabhängig ein Problem gesellschaftlicher und politischer Verhältnisse.

Ein zweites Beispiel sind die Ideen der Aufklärungsphilosophen: Das Naturrecht (Locke) oder die Gewaltenteilung (Montesquieu) zum Beispiel. Man kann Vor- und Nachteile dieser Idee erörtern, z. B. ob Personen einer Exekutive gerecht handeln können, wenn sie die Intentionalität des Gesetzes falsch interpretieren? Anders herum müssen Gesetze im Rahmen der reellen Lebensbedingungen immer ausgelegt werden, das gehört sozusagen zur Rechtsphilosophie.

Systeme und Ideen zu reflektieren ist nicht nur ein Inhalt. Man diskutiert eigentlich Wertvorstellungen, die hinter den Ideen stecken, und begibt sich in Felder, die zeit- und epochenübergreifend sind und auf die eigene Lebenswelt übertragen werden könnten. So enthält das vermeintlich abstrakte Gedankengebäude in der Diskussion lebensweltliche Relevanz,

Ideengeschichte ist zwar abstrakt. In ihr wird die ethische Erziehung aber virulent. Die zu reflektierenden und auszulegenden Werte sind ontologische Größen. Ideen hinter der sichtbaren Geschichte zu unterrichten ist bildungseffektiv.

5. Sinnkonstruktionen

Sinnkonstruktionen historischer Personen rekonstruieren: Hermeneutisch arbeiten mit Schülern

Erzählquellen historischer Figuren daraufhin zu analysieren, welches Denksystem die Person ausmacht, ist nicht nur konkret. Es geht um das Verstehen historischer Figuren und ihrer Handlungen. Zum Beispiel beschreibt Melita Maschmann in Textstellen ihres Buches *Fazit. Mein Weg in der Hitlerjugend.* ihre Beweggründe, als BDM Führerin zu arbeiten. Ihre Erzählung nennt Faszination, aber auch totale Inhaltslosigkeit. Sie gibt sich als Verführte, die belesen im Nachhinein die Dinge durchschaut. Aber sie verwendet Sprachfiguren der Nationalsozialisten und führt Freizeitausflüge als Beweis der Harmlosigkeit an, die eher den pädagogisierten Truppengeist symbolisieren. Sprache und Gliederung des Textes sind inkohärent. Ist der Text die Entschuldigungsmetapher einer Verführten, die ihren Anteil an der Verführung trotz Belesenheit nicht realisiert? Versteht sie Verstrickung als Verführung? Welchen Werten folgt ihr Umgang mit Ideologie? Oder kann sie zwischen Erleben und Politisierung nicht trennen und ihre Verführung ist genau aus diesem Grund glaubhaft? Wenn wir hermeneutisch mit Schülern arbeiten, bewegen wir uns im Denksystem der Person, die wir verstehen wollen. Das Denksystem von Maschmann sieht die Jugendorganisationen der Nazis als Chance, ausbrechen zu können aus seinem bedeutungsarmen Leben. Oder inszeniert sie das so, um ihre Naivität gegenüber der Politisierung des gesamten Lebens zu verleugnen? Wer kann denn ernsthaft glauben, dass gerade die Erziehung ein unpolitisches Feld war, auch wenn sie die Realität der Heimabende als fatale Inhaltslosigkeit beschreibt? Mit diesem Antagonismus verrät sie ja, sich darüber bewusst gewesen zu sein, dass Ideologie in diesen Freizeitveranstaltungen oft erlebbar in Szene gesetzt wurde und auch das Ideologisieren auf dem Grundschulniveau in kleinen Erstlesegeschichten stellvertretendes Handeln in Schülerköpfen hervorrief. Will sie ernsthaft die Domäne des Erzieherstaats anführen, um die Harmlosigkeit ihres Handelns zu belegen? Andererseits sagt die Forschung, dass Funktionen und Überzeugungen nicht gerade korrelierten, und das spräche dafür, dass sie ihre Geschichte erzählt und kein bestimmtes Bild von sich zeichnet. Wie sie mit ihrer Vergangenheit umgeht, die ein Stück ihrer Biographie ausmacht, ist der Kern hermeneutischen Arbeitens; bestenfalls schafft sie sich eine Vergangenheit, die sie verkraften kann, und so gerät die hermeneutische Arbeit irgendwie auch zu einer biografietheoretischen Psychoanalyse. Hermeneutisches Arbeiten ist konkret und abstrakt zugleich; die Person und die Hintergründe ihres Erzählens spiegeln sich im Licht historischer Verhältnisse. Dilthey nannte die Biografie einmal die kleinste Zelle der Geschichte, und hermeneutisches Arbeiten enthält immer einen gehörigen Anteil Biografieanalyse. Doch in erster Linie ist es das Arbeiten an der konkreten Person im Kontext der großen Begriffe. War Melita Maschmann eine Nationalsozialistin? So schießt sich der Kreis.

Hermeneutisches Arbeiten bewegt sich immer vom Sinnsystem der Person aus und eröffnet Deutungshorizonte. Verstehen und Erzählanalyse greifen ineinander und gehen auseinander hervor. Die Person, die man verstehen möchte, ist in ihren Denkmustern individuell. Trotzdem enthält ihr Denksystem vielleicht Muster, die bei der Interpretation von Erzählungen anderer Personen wiedererkannt werden könnten. Man schult sozusagen Auge und Gespür für Erzählmuster, muss aber aufpassen, bereits vorgekommene Muster nicht einfach auf andere Erzählungen zu projizieren.

Eine Möglichkeit, Denkmuster von Figuren in längeren Texten zu deuten, ist das Erstellen von Kodierungen, die eine Matrix bilden. Man klebt auf den Text Kärtchen, die Erzählthemen oder Denkmuster benennen, die sich wiederholen, überall dorthin, wo man sie erkennt. Darauf können Erzählthemen wie z.B. „hineingeraten in Politik" stehen, oder aber Erzählstrategien wie z.B. „stellt sich als Opfer der Verhältnisse dar." Dann sucht man nach dem Muster, das die Codes ins Verhältnis setzt und findet so etwas wie unterschiedliche Erzählgeschichten. Das ist nichts anderes als eine qualitative Analyse mittels der Methode der Grounded Theory, vereinfacht für den Unterricht. Schüler werden zu Wissenschaftlern, es entsteht etwas im Unterricht, und zwar nur in diesem. Die Ergebnisse sind Originale dieser Arbeit, eine andere Gruppe bringt etwas anderes hervor, deutet das Sinnsystem der Figur anders, um es verstehen zu können (in der Deutung schwingt mit, die Erzählstrategie als eine eigene Möglichkeit zu denken). Solche Stunden hermeneutischen Arbeitens sind lebendig, sie schulen das dialektische Denken (Einzelner und Allgemeines) und sind nicht nur ein Vermittlungsinhalt. Man kann in die Linearität des Schulalltags Freude am Denken bringen. Konkrete Personen und der Umgang mit ihrer eigenen Geschichte stehen zum Diskurs. Der Satz Thukydides, dass es beim Studium der Geschichte um die Menschen in ihren Umständen geht, wird dabei konkret.

Sinnsysteme von Personen zu rekonstruieren, sucht nach dem Modus Vivendi, wie diese mit ihrer Geschichte im Kontext ihres nachträglich angeeigneten Wissens umgehen. Es enthält immer diese Ebene des Umgangs mit Geschichte, weil die Erzählstrategien ein spannender Ausflug in die psychische Welt der Erfahrungsverarbeitung sind. Wie Menschen mit ihren Erfahrungen umgehen, enthält einen lebenspraktischen Bezug, obwohl es ein virtueller Aspekt ist. Nach der Erfahrungsverarbeitung zu suchen, eröffnet aber einen Zugang zur Welt historischen Handelns. Man kann das ähnlich auf andere Epochen übertragen, wenn man psychische Strategien von Figuren fokussiert. Nehmen wir dazu Danton und Robespierre. Georg Büchner hat ihnen ein Drama gewidmet. Sie gehören beide zu den Jakobinern, den radikalen Verfechtern von Freiheit, Gleichheit, Brüderlichkeit. Danton, ein Anwalt, steigt in der Revolution zum Justizminister auf. Er ist korrupt, er ist fett, er säuft und er frisst, er geht ins Bordell. Sein Gegenspieler Robespierre ist die Tugend selbst, keine Skandale, keine Schmiergelder, keine Frauengeschichten. Aber es wird der verkommene Danton sein, der sich schließlich dem revolutionären Terror entgegenstellt. Er fordert ein Ende der Hinrichtungen. Zur Strafe wird er selbst ein Opfer der Guillotine. Robespierre, der Tugendsame, strebt die Weltherrschaft der Tugend an. So etwas geht immer böse aus. Sogar für Robespierre. Am Ende trennt die Guillotine auch ihm das tugendhafte Haupt vom Rumpf. In Büchners Drama heißt es richtigerweise, der Mensch könne vernünftig oder unvernünftig, gebildet oder ungebildet, gut oder böse sein, das geht den Staat nichts an'… Für die

Robespierres dieser Welt ist der Staat hingegen eine Erziehungsanstalt."[1] Den Charakterhintergrund von Figuren ins Verhältnis zu setzen zu ihrem Handeln, eröffnet neue Horizonte historischer Urteile. Erneut stehen Werte im Focus der Reflexion, Freiheit oder Tugenden z.B. Und es war Danton, der wenig als Vorbild taugt, der die Welt veränderte. Es lohnt sich immer, Figuren der Geschichte genauer zu betrachten, ihren Umgang mit Geschichte und Erfahrungen. Diese zweite Ebene historischen Lernens erst enthält den Aspekt der Bildung, er ermöglicht die Persönlichkeitsentwicklung als Chance des Geschichtsunterrichts. Sinnsysteme historischer Personen und ihre Strategien des Umgangs mit Geschichte bieten eine gute Chance, schwierige Klassen zum Nachdenken zu bringen.

Ein dritter Aspekt ist das Verständnis von Rollen historischer Figuren. War Cäsar ein Volksfreund oder Volksfeind? Ist Perikles bei Kleisthenes Scherbengericht ein Demagoge, der die Leute mit Reden beeinflusst oder geht es eher um eInen mutigen, visionären Volksanführer? War Leni Riefenstahl eine Künstlerin, die Propaganda formvollendet inszenierte oder ist sie eine Verbrecherhelferin? Bilder zu zeichnen von historischen Figuren und ihre Rollen und Wirkungen zum Teil mit ihrem charakterlichen Handeln zu verknüpfen, macht den Unterricht interessant und kann Ereignisse in einem ganz anderen Licht erscheinen lassen. Es fördert das Verstehen. Eigentlich geht es um diese Fragestellung: Wie etwas verstanden werden könnte. Die Suche danach ist ein hermeneutischer Prozess. Er enthält nicht nur den hermeneutischen Zirkel und viele Quellen, die darauf abzielen über das Denken und Hintergründe historischer Handlungen neue Perspektiven zu generieren. Vielmehr kehrt sich die Psychopathologie historischer Phänomene nach außen, in der die eigentlichen Erkenntnispotentiale historischen Denkens schlummern.

Eigentlich geht es in der Hermeneutik darum, Sinnsysteme zu erkennen. Ob man sie rekonstruiert oder konstruiert, ist dabei egal. Wenn das historische Verstehen im Vordergrund steht, muss man andere Ebenen als Ereignisgeschichte und andere Mechanismen des Verstehens als übliche Kausalerklärungen bemühen.

6. Abstrakta

Bei dieser Form des Unterrichts abstrahiert man von einem konkreten Fall handlungsleitende Maxime. Idealerweise sind das Dilemmata zwischen Überzeugungen und Handlungsoptionen.

Robert Blum zum Beispiel war eine Gallionsfigur der 1848er Revolution. Seine harschen Methoden passten nicht zur Freiheitsagenda und den Bürgerrechtszielen der Revolution. Darf man Freiheit mit Gewalt erkämpfen?

Oder man betrachtet das tayloristische System der betriebswirtschaftlichen Zeitvorgabe in vielen Betrieben der Weimarer Republik, z. B. die Fließbandarbeit bei Ford. Mitten in der ersten Demokratie Deutschlands mit verbrieften Rechten und Menschenwürde als Leitprinzip wird der Mensch auf einen Taktteil der Maschine reduziert. Man kann nun fragen, ob Demokratie und Wirtschaftsmaximierung Zielkonflikte sind, die sich ausschließen? Man kann auch Beispiele der kulturellen Blüte nehmen, dadaistische oder surrealistische Bilder oder Filme wie *Das Cabinet des Dr. Caligari* und die Frage stellen in wieweit in der kulturellen Vielfalt Radikalität steckte, die politisch wenig später auf die Bühne trat, und ob Radikalität ein notwendiges Stilmittel ist, um gesellschaftliches Bewusstsein zu erzeugen? Wenn solche Fragen in den Raum treten, dann beginnt die Reflexion historischen Handelns pädagogisch substanziell zu werden. Es werden allgemeine Lebensfragen diskutiert, die ein Stück weit von der Geschichte entkoppelt werden. Es geht darum, Haltungen zu reflektieren, die Handlungen zugrunde liegen. Das ist noch einmal eine abstraktere Ebene von Reflexion, die vielleicht nicht so ganz zu der Maxime des Historismus passen will, alles in seiner einzigartigen Zeitgebundenheit zu reflektieren. Erziehungswissenschaftliche Ziele erfordern manchmal ein Zurückfahren fachlicher Agenda.

Oder man nimmt die *Yolocaust Kunst* eines Israelis, der Bilder von tanzenden oder jonglierenden Touristen am Holocaust Mahnmal in Berlin zeigte. Wenn man mit der Maus draufging, erschienen dahinter die Leichenberge. Darf Kunst den moralischen Zeigefinger heben und sagen, dass das Leben an diesem Ort des Todesgedenkens unmoralisch ist? Welche Rolle soll denn Moral in der Erinnerungskultur spielen?

Auch in unteren Klassen lässt sich das praktizieren. Die Abstimmungen der 6000 Athener auf dem Marktplatz darüber, wen sie für zehn Jahre aus der Stadt verbannen wollten, waren nicht unbeeinflusst von Perikles Rede über die Absonderung toller Hunde oder der Stimmungen in Gruppen dieser Polis. Abstrahiert fragt man danach, ob die direkte Demokratie wirklich auch am gerechtesten sein kann, wenn Stimmungen und irrationale Größen das Abstimmungsverhalten beeinflussen. Man kann dies an einem konkreten Fall spielen und Perikles Rede suggestiv fortschreiben lassen und die Abstimmung beobachten. Dahinter steckt die Frage, wie sich Gerechtigkeit in einem politischen System ausdrücken könnte, z.B. eher als Gleichheit der Chancen, als Gleichheit der Beteiligungen oder als Verhältnis von Leistung und Ertrag?

7. Erfahrungen

Wir dürfen nicht vergessen, dass in jeder Klasse Schüler sitzen mit vielfältigsten Lebensemserfahrungen sitzen, z.B. Migration, oder Armut, oder sozialem Auf- oder Abstieg der Familie, oder aber Gruppendruck im Freundeskreis. Diese Erfahrungen sind ein unermessliches Potential, auf das man zurückgreifen kann, wenn man darüber diskutiert, wie man historisches Handeln verstehen könnte. Ich sprach davon, dass geisteswissenschaftliches Verstehen damit zu tun hat, Handeln als eine eigene Möglichkeit zu denken. In dem Propagandafilm Hitlerjunge Quex zum Beispiel, ein UfA Tonfilm, der Anfang der 1930er Jahre in die Kinos kam, wird die Entscheidung des 15jährigen Heini Völker, der für den in Berlin ermordeten Hitlerjungen Herbert Norkus steht, für den Beitritt zur Hitlerjugend und gegen das proletarisch-kommunistische Elternhaus gezeigt. Diese verläuft nur über das Gefühl, man weiß nicht, ob die HJ ein Jugendclub oder eine politische Organisation ist. Dinge wie Geltungsbedürfnis, Aufgaben und mutiges Ausbrechen aus der eigenen engen Lebenswelt spielen eine Rolle, es geht um Emotionen. Aber die vermeintliche Geborgenheit der Kameradschaft war ein Trugschluss, er wurde nur benutzt für politische Interessen. Eigentlich steckt dahinter die Frage, was einem Halt gibt im Leben, und dass Sein und Schein oft konträr zueinander sind. Es geht um Geschichten der Verstrickung in Weltanschauungen, die wie Freizeitclubs daherkommen. Es geht um das Gefühl der Freundschaft. Und die oftmals jugendliche Unzufriedenheit in der eigenen Familie. Die Schülererfahrungen werden dann wertvoll, wenn es darum geht zu reflektieren, wie Verstrickung funktioniert; diese Ebene des Verstehens liegt weit entfernt vom eigentlichen Geschichtsverlauf. Wir sollten diese Emotionen und ihre Funktion zu einem Gesprächsinhalt werden lassen, denn in ihnen liegt der Schlüssel zum historischen Verstehen, nicht nur beim Nationalsozialismus.

Ein anderes Beispiel ist die Kriegsbegeisterung 1914 und die spätere Ernüchterung, die den Soldat und seine Heldenehre zum Mörder werden ließ.

[1] Martenstein, Harald: Der Terror der Tugend. In: Die Zeit, Dossier, Ausgabe 6. Juni 2012, S. 15.